MUST READ

BOEKANALYSE

AF156551

De Odyssee

· · · · · · · · · · · · · · · · ·

Homère

BOEKANALYSE

Geschreven door Hadrien Seret
Vertaald door Nikki Claes

De Odyssee

HOMÈRE

HOMER

GRIEKSE DICHTER

- **Homerus zou geleefd hebben in de 8E eeuw voor Christus.**
- **Zijn werken:**
  - *Ilias*, epos
  - *Odyssee*, episch

Er is heel weinig bekend over Homerus. Vanwege dit gebrek aan informatie hebben veel geleerden de realiteit van zijn bestaan in twijfel getrokken. Wanneer we proberen te praten over het leven van Homerus, worden we dus geconfronteerd met twee gezichtspunten:

- degene die van mening is dat Homerus heeft bestaan. Hij wordt dan voorgesteld als een aedic, d.w.z. een dichter die verhalen vertelde, die leefde tussen de achtste en de zevende eeuw voor Christus. Hij was de auteur van de *Ilias* en de *Odyssee*;

- degene die van mening is dat hij niet heeft bestaan en dat de naam Homerus slechts een naam is voor een groep aedisten die de twee aan hem toegeschreven werken hebben gecomponeerd. Tot op heden blijft dit debat onopgelost en hebben beide partijen geldige argumenten.

DE ODYSSEE

EEN ORAAL EPOS DAT DE GESCHIEDENIS IS INGEGAAN

- **Genre:** episch
- **Referentie-uitgave:** *Odyssee*, vertaald door Hélène Tronc en Victor Bérard, Parijs, Gallimard, collectie "Folio classique", 2009, 463 blz.
- **Geschreven rond:** 8ᴇ eeuw voor Christus.
- **Thema's:** zwerven, woede van de goden, lot, mythologie, liefde

De *Odyssee is* een Grieks epos van meer dan 12.000 regels. Het verhaal, verdeeld in 24 liederen, draait om de figuur van Odysseus en vertelt over zijn terugkeer uit de Trojaanse oorlog. Het bestaat uit drie delen:

- de vergadering van de goden die beslist over Odysseus' terugkeer naar Ithaca;
- de avonturen die Odysseus beleeft in de tien jaar tussen zijn vertrek uit Troje en zijn aankomst op het eiland Ithaka;
- Odysseus' terugkeer en vergelding tegen de vrijers, die met zijn vrouw Penelope willen trouwen en haar rijkdom willen plunderen, waardoor hij zijn familie, zijn eer en zijn goederen terugkrijgt.

De originaliteit van dit werk, met name door zijn verhalende opbouw (met een lange analepse in het centrum van het werk), heeft vele auteurs door de eeuwen heen gestimuleerd, waardoor het internationale bekendheid heeft gekregen.

SAMENVATTING

 ## Het succes van het werk

Het constante succes van dit werk en het belang ervan verklaren de talrijke en diverse uitgaven van de tekst. Om het werk toegankelijk te maken, schrappen uitgevers vaak bepaalde passages die zij minder waardevol achten dan andere. Deze samenvatting, die het hele verhaal van de *Odyssee* bevat, kan dus afwijken van andere versies.

Zeus, de meester van de goden, heeft zijn vergadering bijeengeroepen op de berg Olympus. Athena probeert hem ervan te overtuigen Odysseus te bevrijden van de toorn van Poseidon en hem terug te laten keren naar zijn vaderland Ithaka. Odysseus, koning van Ithaca, vocht bij Troje en nadat hij duizend gevaren had moeten trotseren en Poseidon tot vijand had gemaakt, strandde hij op het eiland van de nimf Calypso, die verliefd op hem was geworden en hem gevangen hield.

In Ithaka verblijven vrijers in het paleis van Odysseus tijdens zijn afwezigheid en plunderen zijn bezittingen in afwachting van een huwelijk met Penelope, de vrouw van de Griekse held. Penelope zal niet hertrouwen voordat ze klaar is met het weven van haar web, een stuk dat ze elke nacht vernietigt om de deadline uit te stellen. Echter, verraden door een dienstmeid die de sluwheid van haar meesteres onthult, wordt Penelope steeds meer onder druk gezet door haar vrijers. Als vergelding besluiten ze Odysseus' bezittingen te verkwanselen, niet van plan te stoppen totdat zij een beslissing neemt. Telemachus, de zoon van Odysseus, is deze situatie beu en vertrekt naar Pylos en Sparta, in de hoop nieuws over zijn vader te krijgen. Als hij met lege handen terugkeert, regelen de vrijers een hinderlaag en doden hem.

Ondertussen besloot Zeus, profiterend van de afwezigheid van zijn broer Poseidon, Odysseus te helpen en stuurde Hermes naar de nimf Calypso, waar de held zijn toevlucht had gezocht, om haar te dwingen hem te bevrijden. Ulysses mag vertrekken, bouwt een vlot en vaart uit. Maar Poseidon lokt hem in een storm: hij dankt zijn redding alleen aan de godin Ino en de inspanningen van Athena, die hem laten stranden op de kusten van de Phaeaciërs, een volk geleid door koning Alkinoos en zijn vrouw Arete.

Naar aanleiding van een droom van Athena gaat Nausicaa, dochter van Alkinoos, haar kleren wassen aan de kust waar Odysseus is gestrand en ontmoet hem. Onwetend van zijn identiteit, geeft ze hem voedsel en kleding, en spoort hem vervolgens aan zijn moeder, koningin Arete, om gastvrijheid te smeken, terwijl zij zelf haar vader gaat vertellen van de komst van de vreemdeling. Geleid door Athena voldoet Odysseus: nadat hij naar het verhaal van zijn schipbreuk heeft geluisterd, belooft Alkinoos een schip te charteren dat hem de volgende dag terug naar Ithaka zal brengen.

Er wordt een banket gegeven ter ere van de held. Tijdens het banket worden verhalen over Odysseus' heldendaden gezongen. Als hij deze verhalen hoort, huilt Odysseus. Geïntrigeerd vraagt Alkinoos hem naar zijn ware identiteit. Odysseus onthult zijn identiteit en begint het verhaal van zijn tegenslagen te vertellen.

Na de vernietiging van Troje aan het eind van een tienjarige oorlog waaraan Odysseus deelnam, zette de held koers naar Ithaka, zijn vaderland, op zijn reis vergezeld van enkele zeelieden. Hij maakte eerst een tussenstop bij de Cicones, waar hij en zijn metgezellen alles plunderden. Maar omdat ze verzuimden onmiddellijk te vertrekken, sloegen ze hun kamp op dit eiland op en de volgende dag ondergingen ze een tegenaanval waarbij ze verliezen leden. Toen ze het land ontvluchtten, kwamen ze in aanraking met de Lotofagen, wiens vergeetdranken (die hun eigen identiteit uit het geheugen wissen van degenen die ze consumeren) ook bijna een ravage aanrichtten.

De zeelieden komen dan aan op het eiland van de Cycloop. Odysseus, die deze monsters van dichtbij wilde zien, liet zichzelf en zijn metgezellen gevangen nemen in de grot van een van hen: Polyphemus. Polyphemus verslindt de meeste kameraden van Odysseus. Met de hulp van de overlevenden bedwelmt Odysseus de Cycloop en vertelt hem verhalen alvorens zijn oog uit te steken met een staak. Hij vlucht naar zijn schip op de rug van een schaap. Zwaar gewond riep Polyphemus toen zijn vader Poseidon op om hem te wreken.

Nadat hij zijn toevlucht had gezocht bij de god Aeolus, ontving Odysseus van hem een wijnstok vol wind, die voor een zeeman zeer nuttig is om de zeeën te bevaren. Op de terugweg naar Ithaka werd hij verraden door zijn metgezellen, die de wijnzak te vroeg openden, in de overtuiging dat er goud in zat, waardoor ze van de kust afdwaalden. Kort daarna werd zijn vloot verder verkleind door een gevecht met de reusachtige Lestrygonen.

Odysseus strandde op het eiland Aiaia en stuurde er enkele metgezellen heen om te verkennen. Ze werden verwelkomd door Circe, de vrouw des huizes. Nadat ze hen tot feestmaal had gemaakt, veranderde ze hen in varkens. Ulysses zag zijn mannen niet terugkeren en ging naar de tovenaar. Maar Hermes waarschuwde hem voor het gevaar dat hij liep en gaf hem een kruid om hem te beschermen tegen de kwade spreuken van Circe. Nadat zij de Griekse held had ontvangen, slaagde Circe er niet in hem in een varken te veranderen. Odysseus kreeg vervolgens zijn metgezellen vrij en werd door Circe naar de onderwereld gestuurd om de waarzegger Tiresias te raadplegen.

Toen hij in het koninkrijk Hades aankwam, luisterde Odysseus naar het orakel Tiresias, die hem het toekomstige onheil onthulde: hij zal het moeten opnemen tegen de Sirenen (naar wier gezang hij zal kunnen luisteren terwijl hij stevig aan de mast is vastgebonden en hij van tevoren de oren van zijn metgezellen met was heeft dichtgeplakt). Hij zal ook de monsters Charybdis en Scylla passeren met het risico meer mannen te verliezen. Tenslotte heeft Tiresias hem gewaarschuwd niet van de ossen van het Zonne-eiland te eten, anders zal hem groot ongeluk overkomen.

De held, die weer gaat varen, ziet alle voorspellingen van de waarzegger uitkomen. Maar toen hij het eiland van de Zon bereikte, werd Odysseus opnieuw verraden door zijn metgezellen die, uitgehongerd, de ossen opaten. Deze daad wekte de woede van Zeus, die hen allen vernietigde toen ze weer gingen varen. Alleen Odysseus ontsnapte ongedeerd en dreef naar Calypso's eiland waar hij zeven jaar bleef.

Ontroerd door dit verhaal maakt Alkinoos het beloofde schip klaar en stuurt Odysseus terug naar Ithaka. Zodra hij landt, wordt het schip versteend door een boze Poseidon. De

Griekse held, door Athena veranderd in een oude man, gaat naar zijn vroegere varkenshoeder Eumaeus. Eumaeus, nog steeds trouw aan zijn koning, biedt de vreemdeling gastvrijheid aan en informeert hem over de situatie in Odysseus' paleis, dat nog steeds bezet is door vrijers. Kort daarna gaat Telemachus, die dankzij Athena net uit de hinderlaag is teruggekeerd, naar de varkenshouder. Odysseus onthult zijn identiteit aan zijn zoon en bereidt hun wraak voor.

De volgende dag verschijnen Telemachus en Odysseus, in zijn oude mannengedaante, aan het banket van het paleis, waar ze overvloedig worden beledigd door vrijers en een dienstmeisje, omdat Odysseus kennelijk bedelt. Penelope bedenkt een nieuwe list om het huwelijk te ontlopen: ze belooft te trouwen met de man die de boog van Odysseus kan buigen (die alleen hij kan buigen) en een rij bijlen kan doorboren met een pijl. Geen van de deelnemers slaagt, behalve Odysseus. Odysseus, met de hulp van Telemachus en enkele bondgenoten, slacht vervolgens de vrijers af.

Odysseus stelt zich voor aan Penelope en zij verwelkomt hem met vreugde als haar man het geheim van het huwelijksbed onthult: het is gesneden uit een boom waaromheen het huis is gebouwd. Dit detail stelt haar in staat om zijn identiteit te bevestigen. Ze brengen de nacht samen door.

De volgende dag gaat Odysseus naar zijn vader Laërte waar ze hun hereniging vieren. Plotseling worden ze aangevallen door een troep onder leiding van de vader van een van de vrijers. Met de hulp van Athena en Zeus slagen ze erin hen te verslaan. Dan sluiten ze vrede met de aanvallers die de strijd hebben overleefd en kan Odysseus weer over Ithaka regeren.

KARAKTERSTUDIE

ULYSSE

De *Odyssee is* een epos waarin één personage centraal staat: Odysseus. Odysseus is de koning van het Griekse eiland Ithaka en in die hoedanigheid neemt hij deel aan de Trojaanse oorlog nadat Menelaos de wapens heeft opgehaald. Hij is de echtgenoot van koningin Penelope en de vader van Telemachus. Odysseus heeft enkele kenmerken van de Homerische held:

- **is hij een gewone man, in de biologische zin van het woord**. Odysseus is onderworpen aan de sterfelijke aard van het menselijk ras en aan zijn inherente sterke en zwakke punten (bijvoorbeeld, wanneer zijn metgezellen de wijnfles openen, slaapt Odysseus, overweldigd door vermoeidheid; hij dankt zijn redding vaak aan goddelijke interventies wanneer hij in moeilijkheden verkeert; hij raakt vaak ontmoedigd en klaagt);

- **Hij onderscheidt zich van zijn medemensen door zijn koninklijke adel en goedheid**. Zoals gezegd is Odysseus koning van Ithaca. Deze soevereine kwaliteit, die aanwezig is bij vele andere personages in de heldendichten van Homerus (Ajax, Agamemnon, Menelaos, Achilles, enz.), geeft hem een zekere aanwezigheid. Aan dit charisma voegt Homerus vaak een positieve eigenschap toe, zoals vriende-lijkheid (hij noemt zijn held vaak "goddelijke Odysseus");

- **heeft het een eigen kwaliteit**. Het begin van de *Odyssee geeft* ons daar een duidelijke indicatie van: Odysseus is "de man van de duizend trucs", zoals zijn Homerische bijnaam aangeeft (een uitdrukking die de held karakteriseert en tegelijkertijd de aedic toestaat stukjes vers klaar te hebben om voorgedragen te worden), de ontwerper van het houten paard dat de stad Troje ten val bracht. Zijn vermogen tot list en bedrog is vooral duidelijk tijdens zijn gevangenschap bij de Cycloop: Odysseus slaagt erin zich van hem te ontdoen door gebruik te maken van de zwakte van zijn tegenstander (zijn blindheid) en bedriegt hem door zich "Niemand" te noemen, zodat Polyphemus zijn identiteit niet kan ontdekken.

Zijn rol als hoofdrolspeler van het epos blijkt ook uit de plaats die Homerus hem geeft in de gebeurtenissen:

- in de gevechtsscènes, waar zijn heldendaden altijd worden benadrukt ten koste van de secundaire personages (terwijl Odysseus' mannen bijvoorbeeld worden afgeslacht door de Lestrygonen, concentreert de auteur zich op zijn held die zijn linies afsnijdt om te vluchten);

- in meer intieme momenten, zoals op het eiland van Calypso, waar de auteur meer gewicht toekent aan de klachten van Odysseus dan aan die van de nimf.

Zo kan Odysseus worden gezien als een held met twee gezichten: onbevreesd en sluw, waardoor hij beroemde daden verricht (bijvoorbeeld de afslachting van de vrijers of de verminking van de cycloop), en een vreselijk menselijk gezicht, waarin de natuurlijke zwakheden van zijn geslacht en zijn totale onderwerping aan de wil van de goden tot uiting komen (hij ondergaat zowel de toorn van Poseidon als de genade van Athena).

ATHENA

Athena, dochter van Zeus, is een krijgersgodin met als eigenschappen intelligentie en sluwheid, eigenschappen die zij deelt met haar beschermeling Odysseus. Zij is Odysseus' belangrijkste helper in zijn zoektocht naar het eiland Ithaca.

Haar hulp aan de hoofdpersoon varieert van regelrechte redding (bijv. wanneer Odysseus door de storm van Poseidon wordt ingesloten en zij er een eind aan maakt) tot het ontwikkelen van listen of camouflages (bijv. zij verandert Odysseus in een oude man wanneer hij in Ithaka landt, zodat hij niet wordt ontdekt), waardoor de held moeilijkheden kan vermijden of zijn plannen kan verwezenlijken.

Athena heeft ook een belangrijke tekstuele rol, want zij dient als baken voor Odysseus' reis: zij is het immers die de avonturen van de held begint door Zeus te dwingen Hermes naar het eiland van Calypso te sturen, en zij is het ook die ze afsluit door alle inwoners van Ithaka vrede op te leggen.

PENELOPE

Penelope, koningin van Ithaka, is de vrouw van Odysseus en de moeder van Telemachus. Zij neemt een belangrijke plaats in de *Odyssee in* als de centrale kwestie van de laatste akte van het verhaal. Zij is inderdaad het voorwerp van verlangen van de vrijers die haar bezittingen verkwisten terwijl ze wachten om met haar te trouwen. Deze daden zijn de belangrijkste motieven voor Odysseus' wraak.

Zoals de meeste vrouwelijke personages in het Homerische universum (Arete, bijvoorbeeld) is Penelope zeer trouw in de liefde, wat de webstrategie verklaart die ze opzet terwijl ze wacht op de terugkeer van haar man. Toch bezit zij bijzondere kwaliteiten van sluwheid en intelligentie die haar in staat stellen zich aan dit model te ontworstelen.

TELEMACHUS

Telemachus, de zoon van Odysseus en Penelope, speelt de hoofdrol in de eerste vier liederen (ook bekend als 'Telemachia'). Hij heeft zijn vader nooit gekend, maar is toch aan hem verknocht. Hierin is hij een voorbeeld van kinderlijke vroomheid. Net als zijn moeder is hij in opstand gekomen door het gedrag van de vrijers. Hoewel hij een belangrijke rol speelt in de Ithacaanse samenleving, lijkt het hem helaas aan kracht te ontbreken: zijn tegenstanders tonen hem geen respect, waarschijnlijk vanwege zijn jeugd.

Zijn zoektocht naar de verblijfplaats van zijn vader leidt hem op een reis, geholpen door Athena, waarbij hij de veteranen van de Trojaanse oorlog ontmoet: Nestor in Pylos en Menelaos in Sparta. Bedreigd met de dood door de vrijers die hem in een hinderlaag willen lokken, leeft hij zijn eigen avontuur.

POSEIDON

God van de oceanen, vader van de cycloop Polyphemus, wordt aangeduid als "hij die de aarde doet schudden", zijn Homerische bijnaam. Poseidon is Odysseus' voornaamste tegenstander, die hij haat omdat hij zijn zoon heeft verminkt:

er is geen ergere vijand voor een zeeman dan de god van de zee zelf.

Poseidon kan echter, ondanks zijn almacht, het lot niet beïnvloeden, en kan daarom Odysseus zelf niet doden. Hij achtervolgt hem daarom met zijn woede, verhindert hem terug te keren naar zijn familie, dwingt hem zeer lang te zwerven en brengt hem voortdurend in gevaar: uiteindelijk is het zijn bemanning die de prijs betaalt. Poseidon vertegenwoordigt de onverbiddelijke kracht van de oceaan en verschijnt in de *Odyssee* als een wraakzuchtige en boze godheid.

SLEUTELS TOT HET LEZEN

HET SCHRIJVEN VAN EEN MONDELING EPOS

Wat het bewijs voor zijn bestaan ook moge zijn, Homerus kan niet worden beschouwd als de auteur, in de moderne zin van het woord, van de *Odyssee*. Tegenwoordig impliceert het begrip "auteur" een notie van oorspronkelijke schepping die bij de Griekse aedische schrijver ontbreekt.

De *Odyssee werd* oorspronkelijk gepresenteerd als een reeks legenden rond de figuur van Odysseus en werd alleen mondeling aan het publiek overgeleverd. Deze oraliteit suggereert dat er evenveel versies van de Odyssee waren als er aedes waren in Griekenland, die elk het verhaal kunnen hebben aangepast volgens hun creativiteit of hun bijzonderheden als aede (elke aede had zijn eigen manier om de verhalen te vertellen).

Als hij bestond, is het logisch om aan te nemen dat Homerus ook zijn eigen versie van de *Odyssee had*. Dankzij zijn faam als dichter en de vermoedelijk hoge kwaliteit van zijn werk, zou het tot een referentieversie zijn verheven voordat het op schrift werd gesteld. Het was de Athener Pisistratus ([5e] eeuw v.C.) die de verschillende versies van het werk verzamelde en in een bibliotheek bewaarde. De verdeling van het verhaal in 24 gezangen werd uitgevoerd door Griekse geleerden in de bibliotheek van Alexandrië om redenen van leesgemak.

Daarom is het belangrijk te beseffen dat de originaliteit van Homerus ligt in het verhaal van het werk, dat is opgebouwd uit verschillende in elkaar grijpende verhaallijnen en het gebruik van mise en abyme en flashbacks, en niet in de inhoud.

DE VOORWAARDEN VOOR DECLAMATIE

De Homerische epen waren oorspronkelijk mondeling, voorgedragen door de aedes voor een publiek. De lengte van deze epische verhalen verplichtte de aedes om hun tekst gedurende meerdere dagen voor te dragen, terwijl het grote aantal te vertellen gebeurtenissen de verteller vaak dwong zijn toevlucht te nemen tot trucs om het onthouden te vergemakkelijken, om geen essentiële scène in het verhaal te vergeten.

 ### DE EPISCHE

Het epos is een lang episch gedicht waarin de heldendaden van een mythologisch of historisch personage worden verteld. Omdat het episch gedicht bedoeld is om een personage of een volk te prijzen, zijn er legio hyperbolen en andere overdrijvingen. Traditioneel heeft het epos zijn wortels in de oraliteit.

Het oudste bekende epos is het *Epos van Gilgamesj*, gedateerd in het 3E millennium v. Chr., gecomponeerd in het Soemerisch en gebaseerd op zowel Soemerische als Babylonische legenden.

De Homerische bijnaam

Het is een stijlmiddel dat erin bestaat een personage een specifiek kenmerk te geven en dat steeds te herhalen om een gemakkelijk te onthouden uitdrukking te vormen.

Zo wordt Odysseus voortdurend "goddelijk" of "roemrucht" genoemd, is de dageraad altijd voorzien van "roze vingers" en wordt Athena vaak onderscheiden door haar "perzische ogen". Deze alomtegenwoordige formules, die het verhaal markeren en onderbreken, komen het vaakst voor in de sleutelmomenten van het epos.

De dactylische hexameter

Bij het lezen van de *Odyssee* moet men bedenken dat de prozavertaling die in moderne uitgaven van het werk wordt voorgesteld, slechts een aanpassing is aan de huidige leesgewoonten. De "oorspronkelijke tekst" was namelijk in verzen geschreven en deze was bedoeld om voor een menigte te worden gezongen. Zo baseerde een aedist niet alleen zijn persoonlijke versie van het verhaal dat hij wilde vertellen, waardoor het gemakkelijker te onthouden was, maar ook zijn originaliteit op zijn kwaliteiten als redenaar door te spelen op het scanderen van de tekst.

Het Griekse epische vers bij uitstek is de dactylische hexameter. Het is een vers bestaande uit zes dactylen, waarbij een dactyl de opeenvolging is van een lange lettergreep met twee korte. Soms kon een dactyl worden vervangen door een spondee, die bestond uit twee lange lettergrepen achter elkaar.

Een korte lettergreep geeft bij het uitspreken de indruk van snelheid, terwijl een lange lettergreep door zijn lengte langzamer wordt uitgesproken.

Het werk van de aedicticus bestaat er dus in de juiste ritmes op de juiste plaatsen in het verhaal te plaatsen: hij geeft vaak de voorkeur aan snelheid om zeer levendige acties te beschrijven, zoals gevechten, en traagheid voor meer ernstige of plechtige momenten zoals klachten of monologen. Dit spel met het ritme en de veranderingen daarin helpt de aandacht van de luisteraar vast te houden en maakt het verhaal levendiger.

DE STRUCTUUR VAN HET WERK

De narratieve structuur van de *Odyssee maakt* narratieve stilistische effecten en de enscenering van het verhaal mogelijk. Het epos bestaat uit vier delen:

- **Telemachy**. In dit deel komt Telemachus aan bod, die op zoek gaat naar antwoorden over de toestand van zijn vader, en wordt het personage van Odysseus geïntroduceerd zonder dat deze daadwerkelijk verschijnt. Er hangt dus een aura van mysterie rond de hoofdpersoon. Iedereen praat over hem, vaak met bewondering, maar niemand weet waar hij is, sommige personages denken zelfs dat hij dood is;

- **De tegenslagen van** Odysseus, vanaf zijn vertrek van Calypso's eiland tot zijn aankomst aan het hof van Alkinoos. De hoofdpersoon verschijnt en de gevaren die hij tegenkomt. Odysseus wordt dan een verhalenverteller en vertelt het hof dat hem verwelkomt en de lezer over zijn tegenslagen;

- **de avonturen van Odysseus**. Op dit punt in het epos wordt de verteller Odysseus, en gaan we van een derde persoon naar een eerste persoon. Het personage dat ons door derden (verteller en andere personages) is voorgesteld, neemt zijn plaats in het hart van het verhaal in. Het ritme verandert en de gebeurtenissen volgen elkaar op;

- **Odysseus' terugkeer**. De alwetende verteller keert terug als Odysseus klaar is met zijn verhaal voor de laatste wapenfeiten van de held, de terugkeer naar huis en de strijd tegen de vrijers: het werk krijgt dan een oorlogskleur. Odysseus' tegenslagen behoren nu tot het verleden, en het is tijd om plaats te maken voor de verovering van het verlangde thuis.

De *Odyssee neemt* de tijd om zijn personages op te zetten en zijn plot te onthullen. Het is een spannend verhaal in zijn structuur. Aangezien het de bedoeling is dat het gedicht voor een publiek wordt voorgedragen, getuigt de structuur van het verhaal van een streven naar sensatie. Ulysses heeft vier nummers nodig om duidelijk te verschijnen. Zodra hij verschijnt, beleeft hij spectaculaire avonturen voordat hij opgaat in de aedic om zijn wederwaardigheden te vertellen in een lange mise en abyme die eindigt met een triomfantelijke terugkeer. Door deze zoektocht naar het spectaculaire kunnen we spreken van enscenering als we de *Odyssee* oproepen.

DE THEMA'S VAN DE *ODYSSEE*

Het lot

Bij verschillende gelegenheden is te zien dat Odysseus geen controle heeft over zijn eigen bestaan. Het zijn de goden die zijn leven zodanig beïnvloeden dat hij bijna een machteloze marionet wordt. Er zijn vele voorbeelden van deze onderwerping aan de wil van de goden: Zeus staat hem toe Calypso's eiland te verlaten, Athena en Ino leiden hem veilig naar Pheacia, en Tiresias vertelt hem wat hij gaat doen. De held zelf lijkt zich bewust van deze manipulatie, want hij aarzelt niet de goden te beschuldigen als hem iets ergs overkomt. De goden bemoeien zich met de zaken van de stervelingen, maar zijn zelf onderworpen aan de ontberingen van het lot. Athena kan Odysseus dus niet rechtstreeks helpen, alleen helpen en begeleiden.

De terugkeer

De *Odyssee* vertelt over Odysseus' terugkeer naar zijn vaderland. Voor Odysseus is deze terugkeer van tweeërlei aard:

- **een materiële terugkeer:** door wraak te nemen op de vrijers krijgt Odysseus al zijn bezittingen, zijn prestige en zijn kroon als koning terug;

- **een psychologische terugkeer:** Odysseus' herovering van Ithaca markeert zijn verlangen om terug te keren naar het leven van voor de Trojaanse oorlog, dat synoniem was met geluk.

👁 DE TROJAANSE OORLOG

De Trojaanse oorlog is een zeer belangrijk mythologisch conflict in de oude Griekse traditie. Een van zijn beroemdste episodes is die van de toorn van Achilles, door Homerus verteld in de *Ilias*, waarin Achilles, de beste Achaeaanse krijger (de naam die de Grieken kregen), zich terugtrok in zijn tent na een geschil met koning Agamemnon, die het Griekse leger leidde, wat de richting van het conflict beïnvloedde: Achilles was essentieel voor het winnen van de oorlog. Veel mythologische helden vochten in deze oorlog (zoals Ajax, Nestor, Odysseus, Menelaos...) en ook de goden. Odysseus speelt een zeer belangrijke rol in de oplossing van het conflict, dankzij de beroemde truc van het paard van Troje. De Grieken, verborgen in een groot houten paard, infiltreerden de stad nadat de inwoners, die het paard als een offer zagen, het binnen de muren hadden gebracht.

Liefde

Dit thema loopt door de hele *Odyssee* en kristalliseert zich vooral rond de persoon van Odysseus. Vanwege zijn natuurlijke schoonheid (soms versterkt door enkele goddelijke hulpmiddelen) wordt de held vaak voorgesteld als een verleider ondanks zichzelf. Zo willen veel vrouwen met hem trouwen: Circe, die hem uitnodigt haar bed te delen, Nausicaa, die in de ban is van zijn charisma, of Calypso, die hem onsterfelijkheid aanbiedt als Odysseus haar zijn hart geeft. Deze situaties zijn voor Homerus een gelegenheid om het morele karakter van de held te versterken: Odysseus weigert systematisch andere vrouwen lief te hebben dan Penelope, hoewel hij ermee instemt het bed te delen met Calypso en Circe, omdat niemand zou mogen weigeren het bed van een godin te delen.

Het bovennatuurlijke

Het bovennatuurlijke staat centraal in de *Odyssee*. Dit geeft de tekst zijn interesse en magie. Zo wordt Odysseus tijdens zijn expeditie geconfronteerd met twee soorten onwerkelijke verschijnselen:

- **het goddelijke wonder:** alle goddelijke ingrepen die in de loop van het werk zijn verricht. Voorbeelden zijn de transformatie van Odysseus in een oude man, de verstening van Alkinoos' boot door Poseidon en de storm veroorzaakt door Zeus;

- **het legendarische wonderbaarlijke**, dat zich vooral in het bestiarium manifesteert, d.w.z. de wezens en andere monsters die door Homerus zijn opgezet: Charybdis, Scylla, Cycloop en andere Sirenen zijn gruwelijkheden die rechtstreeks uit de Griekse mythologische traditie stammen en die de gevaren vertegenwoordigen die aan het onbekende zijn verbonden en waaraan de aedici hun adelbrieven hebben gegeven.

INTERTEKSTUALITEIT IN DE *ODYSSEE*

De *Odyssee maakt* deel uit van een groter kader, een geheel van zeer talrijke en gevarieerde mythologieën. De personages in dit epos komen ook voor in andere mythen of staan in contact met andere mythologische helden. In de *Odyssee* weerklinken andere mythen die verband houden met de Trojaanse oorlog: er zijn reminiscenties aan de *Ilias*, maar ook aan de *Oresteia* (mythe over de terugkeer van Agamemnon, gedood door zijn vrouw Klytemnestra en haar minnaar Aegisthus, gewroken door zijn zoon Orestes). Deze verwijzingen vervullen twee functies:

- **de mythen fungeren als een moreel kompas voor de personages.** Het verhaal van Orestes moet parallel aan dat van Telemachus worden bestudeerd:

  - Veel personages verheffen Orestes tot een toonbeeld van kinderlijke vroomheid. Vooral Zeus, Athena en Nestor prijzen zijn verdiensten in de *Odyssee*;

  - Telemachus toont evenveel trouw aan zijn vader als Orestes, die niet aarzelde zijn moeder en haar minnaar te doden om zijn vader te wreken. Clytemnestra, de vrouw van Agamemnon, verschijnt als anti-Penelope, een gebeurtenis waaraan Odysseus ontsnapt. Is Penelope het toonbeeld van trouw, dan is dat niet het geval met Klytemnestra die dubbel heiligschennis pleegt: zij is haar man niet trouw en vermoordt hem;

  - Helena, die in het epos verschijnt en Menelaos bijstaat, vertegenwoordigt de verlossing. Ze is vergeven, hoewel ze hard is voor zichzelf "want de teef die ik was, jullie Grieken/ moesten de stoutmoedige oorlog onder Ilion voeren" (Lied IV, v. 145-146);

- **Deze mythen bieden ook parallellen met de avonturen van Odysseus**. Bepaalde mythische motieven komen voor in de *Odyssee*:

  - In Lied IV vertelt Helena aan Telemachus hoe Odysseus, vermomd als bedelaar, Troje is binnengedrongen. Deze episode verwijst naar de laatste nummers van de *Odyssee*, wanneer Odysseus, vermomd als pauper, als vreemdeling naar huis terugkeert. In beide gevallen vermomt de held zich om een vijandige plaats te betreden;

- Een andere parallel is te vinden in Menelaos' verslag van een list van Helena. Tijdens de oorlog riep zij, om de Achaeërs tot verraad te dwingen, hen op door de stem van hun metgezellen te imiteren. Odysseus is de enige die niet in de val liep. In het licht van deze anekdote kunnen we denken aan het ongeluk met de sirenes;

- De geest van Agamemnon waarschuwt Odysseus voor het gevaar dat hij loopt bij zijn thuiskomst door hem te vertellen hoe zijn leven eindigde.

Er is dus een idee van zich herhalende patronen, en de mythen uit het verleden fungeren als waarschuwingen voor toekomstige beproevingen.

De belangrijkste functie van de mythologie in de *Odyssee is,* net als in de werkelijkheid, te fungeren als een morele waarborg. Het heeft een educatieve functie: het dient om via modellen de weg vooruit aan te geven en toekomstige problemen te helpen voorkomen. Het is interessant om op te merken dat intertekstualiteit zo aanwezig is in de *Odyssee* dat de hoofdpersoon voor enkele nummers zelf een aedic wordt. De mise en abime van de poëzie is dus zeer sterk.

HET NAGESLACHT VAN DE *ODYSSEE* IN DE FRANSE TAAL

Hoewel het woord "odyssee" tegenwoordig, dankzij het succes van het gelijknamige boek, een gangbaar zelfstandig naamwoord is geworden voor een reeks avonturen of belevenissen, was dat vroeger niet altijd het geval. Odyssee" was oorspronkelijk het Griekse woord voor het epos van Odysseus: het betekende "de avonturen van Odysseus". De naam

"Odysseus" was namelijk een Romeinse creatie om de Griekse naam voor de held van Ithaka te vervangen.

De *Odyssee heeft zoveel* invloed gehad op de literatuur in het algemeen dat sommige scènes ervan spreekwoordelijk zijn geworden:

- "Overgaan van Charybdis naar Scylla": deze uitdrukking betekent "ontsnappen aan een gevaar om zich beter in een ander gevaar te storten" zoals deze twee monsters die twee verschrikkelijke alternatieven voor Odysseus voorstellen. Inderdaad, om een van de monsters te vermijden, moet hij zich in de klauwen van de andere werpen;

- "Het lied van de Sirenen": deze uitdrukking betekent dat men op zijn hoede moet zijn voor verschijningen, want die kunnen bedrieglijk zijn, net als zeemeerminnen, waarvan het prachtige uiterlijk en het betoverende lied het gevaar dat zij vertegenwoordigen verbergen;

- "Penelope's web": deze uitdrukking beschrijft een werk dat voortdurend opnieuw wordt opgestart of waarvan het einde niet kan worden gezien.

ULYSSES, EEN ATYPISCHE HELD

Een Griekse held is een fantastisch personage, geboren uit de vereniging van een sterveling en een godheid, die een wonderbaarlijke lotsbestemming meemaakt. De beroemdste Griekse held is Herakles (Hercules in het Latijn), zoon van Zeus en een sterfelijke vrouw, die de beroemde twaalf werken moest verrichten en achtervolgd werd door de woede van Hera. De *Ilias* staat vol helden. De Trojaanse oorlog is de oorlog van de goden en helden bij uitstek en velen van hen streden tegen elkaar (Achilles, Hector, Menelaos, Diomedes, Ajax, Castor en Pollux…) en onder hen Odysseus. Deze is speciaal.

- **Er is niets goddelijks aan de "goddelijke Odysseus".** Geboren uit sterfelijke ouders, is zijn eigenschap geen bovennatuurlijke fysieke kracht of superkracht in de strijd, maar een vaardigheid: sluwheid. Als we Odysseus en Achilles vergelijken, beseffen we dat de eerste verbleekt bij de tweede. Zijn de attributen van Achilles het schild en de speer (de uitrusting van de hoplieten, de naam die gegeven werd aan de Griekse infanteristen die ten strijde trokken), voor Odysseus zijn het de sluwheid en de boog (een wapen om van veraf te vechten). Wat betreft de verloving bij Troje zijn beide personages bijna aan het conflict ontsnapt, maar als dat in het geval van Achilles te danken is aan Thetis, zijn moeder die hem als vrouw vermomde om hem te beschermen, dan is dat niet het geval bij Odysseus die zichzelf voor schut zet in de hoop niet opgeroepen te worden. Met deze premissen kan het personage er dan uitzien als een lafaard en een lafaard. Het is interessant dat Odysseus' zoon Telemachus heet. Deze naam is samengesteld uit twee Griekse woorden, *Têlé* (ver) en *Mâkhé* (vechten), wat betekent "Hij die van ver vecht". De naam van de zoon wordt gewoonlijk gegeven volgens de eigenschappen van de vader: men kan zich dus afvragen of deze naam geen grap is om Odysseus aan te duiden, een personage dat meer op sluwheid dan op dapperheid steunt;

- **Odysseus maakt veel fatale fouten.** Het is zijn nieuwsgierigheid die hem ertoe brengt de Cycloop te ontmoeten, en nadat hij erin geslaagd is aan hem te ontsnappen, veroordeelt hij zijn hele bemanning wanneer hij in een moment van *hybris* (trots), dronken van de overwinning, zijn ware naam onthult (wat de toorn van Poseidon over hem afroept). In het verhaal van Odysseus' tegenslagen lijkt hij erg feilbaar, hij klaagt en huilt veel: hij heeft zelfs moeite om het respect van zijn bemanning te krijgen. Ze openen de wijnzak van de winden en eten de ossen van de zon, ondanks zijn waarschuwingen. Een van hen, Eurylochus, trekt zelfs Odysseus' oordeel in twijfel tijdens de episode van Circe: "Het komt door hem, door zijn woede, dat zij zijn omgekomen" (Lied X, v. 437), zegt hij hem, de woede van de held aantrekkend;

- **Odysseus' motieven zijn niet heroïsch**. Terwijl Achilles en andere helden vechten om hun *kleos* (glorie) veilig te stellen, is de motivatie van Odysseus om naar huis terug te keren. Hij is niet voorbestemd voor een bepaalde roem. Roem is voorbehouden aan de oorlog: alleen zij die zich onderscheiden op het slagveld hebben er toegang toe. Odysseus is al aan het begin van het werk een beroemde held, vanwege zijn deelname aan de Trojaanse oorlog. Athena, in de gedaante van Mentor, verwijt hem in de verzen 226 tot 235 van Canto XXII dat hij niet meer dezelfde moed heeft als tijdens die oorlog. Bedoelt ze met deze woorden te bevestigen dat ze vastbesloten is de vrijers af te slachten, of meent ze echt wat ze zegt? Hoe dan ook, het is vreemd om een held een gebrek aan moed te verwijten.

Odysseus lijkt dus minder sterk dan andere epische helden, maar hij is niet minder verdienstelijk. Hij is waarschijnlijk geen parodie op een held, maar vertegenwoordigt een andere vorm van held: een menselijke held. Hij is een heel gewoon personage dat vecht tegen een tegenslag die hem in omvang en kracht te boven gaat. Odysseus kan niets doen, wapen in de hand, tegen tegenstanders als Poseidon, Polyphemus of de reusachtige Lestrygonen. Wat hij wel kan doen, is zijn menselijk vernuft gebruiken om uit al die gevaarlijke situaties te geraken. Dit personage dat vlucht, zich vermomt en zijn metgezellen niet altijd vertrouwen weet in te boezemen, is een eenvoudige man die niets liever wil dan terugkeren naar zijn familie. Vandaag is Odysseus het model van de sluwe held die zijn verstand gebruikt. Hij is ook de avonturier-held, die het onbekende tegemoet treedt: hij is een dolende held

MOGELIJKHEDEN TOT BEZINNING

EEN PAAR VRAGEN OM OVER NA TE DENKEN...

- In tegenstelling tot de meeste mythische helden heeft Odysseus geen bijzondere fysieke eigenschappen (geen bovenmenselijke kracht of onkwetsbaarheid). Toch slaagt hij erin buitengewone prestaties te leveren. Hoe doet hij het?

- De goden zijn van groot belang en zijn alomtegenwoordig in het verhaal. Wat kenmerkt hen? Hoe verschillen zij van de katholieke opvatting van de god?

- De scène van de wijnfles zinspeelt op de nieuwsgierigheid van de mensen. Vinden we geen soortgelijke episodes in andere mythen?

- Hoe dwarsboomt Penelope het ongeduld van haar vrijers? Doet deze list ons niet denken aan de goddelijke straffen waartoe andere mythologische helden zijn veroordeeld? Wat symboliseren deze taken?

- Welke rol speelt Athena? Hoe komen haar interventies tot stand?

- Welke stijlkenmerken wijzen op het mondelinge karakter van Homerus' werk?

- Kunnen we Odysseus beschouwen als een personage dat vrij is van zijn keuzes? Waarom?

- Welke rol speelt de liefde in het werk? Hoe ziet het eruit?

- Verklaar de overeenkomst tussen Vergilius' *Aeneis* (Latijnse dichter, 70-19 voor Christus) en de *Odyssee, zowel* qua inhoud als qua stijl.

- Odysseus bezoekt het dodenrijk tijdens zijn reizen. Ken je andere mythologische helden die een soortgelijke prestatie hebben geleverd? Vergelijk dan hun avonturen met die van Odysseus.

OM VERDER TE GAAN

REFERENTIE-UITGAVE

HOMÈRE, De *Odyssee*, uitgave door Brunet P., Parijs, Gallimard, collectie « Folio Classique », 2009.

BENCHMARKSTUDIES

BÉRARD V., *L'Odyssée d'Homère: étude et analyse*, Parijs, Mellottée, 1954.

COMMELIN P., *Mythologie grecque et romaine*, Parijs, Pocket, 1994.

DE ROMILLY J., *Homère*, Parijs, PUF, collectie « Que sais-je ? », 1992.

PUCCI P., *Ulysse polutropos, lectures intertextuelles de l'*Iliade *et l'*Odyssée, Lille, Presses Universitaire du Septentrion, 1995.

SAÏD S., *Homère et l'*Odyssée, Parijs, Belin, coll. « Sujets », 1998.

THALMANN W. G., The Odyssey: *An Epic Of Return*, New-York, Twayne's Publishers, coll. "Twayne's Masterwork Studies", 1992.

AANPASSING

De *Odyssee* werd bewerkt tot een film als peplum, geregisseerd door Mario Camerini met Kirk Douglas en Silvana Mangano, Italië, 1954.

The *Odyssey*, TV-miniserie van Franco Rossi, met Bekim Fehmiu en Irene Papas, Italië, 1968.

*We horen graag van jou! Laat
een reactie achter op jouw online bibliotheek
en deel je favoriete boeken op social media!*

De uitgever garandeert de betrouwbaarheid van de gepubliceerde informatie, die echter niet onder zijn verantwoordelijkheid valt.